**Bibliografische Information der Deutschen Nationalbibliothek:**

Die Deutsche Bibliothek verzeichnet diese Publikation in der Deutschen Nationalbibliografie; detaillierte bibliografische Daten sind im Internet über http://dnb.d-nb.de/ abrufbar.



**Impressum:**


Druck und Bindung: Books on Demand GmbH, Norderstedt Germany
ISBN: 9783668809383

**Dieses Buch bei GRIN:**

https://www.grin.com/document/428647

**Bendix Otto**

# Guadeloupe und das Erbe des Kolonialismus in der Karibik

GRIN Verlag

# Facharbeit im Seminarfach
# Erbe des Kolonialismus in Afrika

## Erbe der Kolonialzeit in der Karibik: Die Auswirkungen des Sklavenhandels bis in die Gegenwart am Beispiel von Guadeloupe.

**Inhaltsverzeichnis**

## 1. Einleitung

Guadeloupe ist eine Inselgruppe, welche im südlichen karibischen Meer liegt. Sie gehört mit seinen Inseln zu den größten Inseln der kleinen Antillen in der Karibik. Guadeloupe wird oft als Relikt eines ehemals weltumspannten Kolonialreiches bezeichnet. Guadeloupe ist seit 1946 ein Überseedepartment und eine Region Frankreichs und ist ca. 7000 Kilmeter von Paris entfernt. Durch die Zugehörigkeit zu Frankreich, gehört Guadeloupe zur Europäischen Union. Die erste Besiedlung erfolgte um ca. 5000 v. Christus. Anschließend lebten unterschiedliche indigene Stämme auf den Inseln bis Guadeloupe 1635 durch die Franzosen kolonialisiert wurde. Auf Guadeloupe wurden Sklaven aus Afrika für die Plantagenwirtschaft eingesetzt. Die Nachkommen der Sklaven leben heute größtenteils immer noch auf der Insel und machen 90 % der Bevölkerung aus.

Die Folgen aus der Kolonialzeit und dem während dieser Zeit betriebenen Sklavenhandel sind für Guadeloupe nicht unerheblich. Um die Auswirkungen am Beispiel von Guadeloupe aufzuzeigen, ist eine intensive Betrachtung Guadeloupes während der Kolonialzeit und nach der Kolonialzeit erforderlich. Für die Auswirkungen des Sklavenhandels wird zunächst die Geschichte Guadeloupes bis zur Abschaffung der Sklaverei erläutert. Dazu werden die Folgen aus der Kolonialzeit im Hinblick auf der Basis von drei Aspekten betrachtet. Anschließend erfolgt eine Darstellung der Gegebenheiten Guadeloupes zu Beginn des 21. Jahrhunderts in den Bereichen Wirtschaft, Infrastruktur und Bildungswesen. In der letzten Einheit des informativen Teils der Facharbeit wird die Beziehung des Französischen Staates und der Europäischen Union zu Guadeloupe betrachtet. Abgestellt wird auf die Fragestellung, ob und inwieweit Unabhängigkeitsbestrebungen möglich und sinnvoll sind, künftig mehr Autonomie zu erlangen. Dies würde bedeuten, dass Guadeloupe die Abhängigkeit zu Frankreich und der Europäischen Union reduzieren müsste. In der abschließenden Argumentation werden alle zuvor aufgeführten Punkte in einer Diskussion zusammengefasst. Dem Leser soll durch diese Facharbeit ermöglicht werden, die Folgen des Sklavenhandels für Guadeloupe einzuschätzen.

## 1. Historische Entwicklung Guadeloupes durch die Sklaverei

### 1.1 Während der Kolonialzeit

1493 wurde Guadeloupe durch Christoph Kolumbus auf seiner zweiten Amerika-Reise entdeckt. [1] Für Spanien war Guadeloupe aufgrund mangelnder Bodenschätze nicht von Bedeutung. Die Insel diente aber in den folgenden 100 Jahren als Versorgungs-Stützpunkt für wichtige Rohstoffe, wie Süßwasser und Holz.[2] Guadeloupe hatte für den Segelverkehr einen günstigen Standort, da man die Inseln von Europa ausgehend, über den Passat-Wind optimal ansegeln konnte.[3] Um 1635 eroberten die Franzosen Guadeloupe.[4] Die erste Siedlungsgründung erfolgte im selben Jahr.[5] Mit dem königlichen Edikt vom 31. Oktober 1636 wurde die Einfuhr von Sklaven aus Afrika beschlossen und damit das über 200-jährige Zeitalter der Sklaverei begründet.[6] Sklaverei bezeichnet den Zustand eines Menschen, in dem er lebenslänglich als Eigentum eines Anderen gilt und er wirtschaftlich und rechtlich abhängig ist.[7] Das allgemeine Ziel für die Gründung der Kolonien Frankreichs in der Karibik war es, dort Waren, wie tropische Früchte, Kaffee, Zucker etc., für das Festland zu produzieren und damit zu einer positiveren Handelsbilanz zu kommen.[8] Dies insbesondere deshalb, da der Bedarf dieser exotischen Waren in Europa stetig anstieg und diese Waren sehr teuer gehandelt wurden. Aufgrund der klimatischen Bedingungen eignete sich die Karibik hervorragend für den Zuckerrohr-Anbau und die Produktion war wesentlich lukrativer, als die von Baumwolle oder Tabak.[9] Zu diesem Zweck wurde die Plantagenwirtschaft eingeführt. Der hohe Bedarf an Arbeitskräften wurde durch den

1Vgl. Ina, Kremer: „Geschichte von Guadeloupe und Martinique bis 1945“, in: Schmude, Jürgen; Ubelacker, Stefan: *Arbeitsmaterial Wirtschaftgeographie Regensburg Guadeloupe und Martinique Band 12,* 2005, S. 17.

2Vgl. Ina, Kremer: „Geschichte von Guadeloupe und Martinique bis 1945“, in: Schmude, Jürgen; Ubelacker, Stefan: *Arbeitsmaterial Wirtschaftgeographie Regensburg Guadeloupe und Martinique Band 12,* 2005, S. 13.

3**Vgl. Wolfgang, Reinhard: Kleine Geschichte des Kolonialismus, Stuttgart: Alfred Kröner Verlag, 2008, S. 142.**

4**Vgl. Wolfgang, Reinhard: Kleine Geschichte des Kolonialismus, Stuttgart: Alfred Kröner Verlag, 2008, S. 99.**

5Vgl. Ina, Kremer: „Geschichte von Guadeloupe und Martinique bis 1945“, in: Schmude, Jürgen; Ubelacker, Stefan: *Arbeitsmaterial Wirtschaftgeographie Regensburg Guadeloupe und Martinique Band 12,* 2005, S. 15.

6Ebd.

7**Vgl. Duden: Sklaverei. In: https://www.duden.de/rechtschreibung/Sklaverei (Zugriff: 03.04.18 16:54)**

8 Vgl. Felix, Zimmermann: Identitätskonflikte auf Martinique und Guadeloupe. In: https://www.grin.com/document/140114 (Zugriff 18.03.18 13:30).

9Vgl. Charlotte, Bruneau: Postkolonialismus in der Karibik? In: http://www.deutschlandfunk.de/krise-in-den-franzoesischen-ueberseegebieten.724.de.html?dram%3Aarticle_id=391164 (Zugriff: 17.03.18 16:23).

Sklavenhandel ermöglicht.[10] *„Zucker war die Pfahlwurzel des blühenden Sklavenhandels“*[11], urteilte der Historiker John Roberts im 20. Jahrhundert. Der Bedarf an Arbeitssklaven wurde zum Großteil mit Menschen aus Westafrika gedeckt. Diese wurden über den Atlantik mit Schiffen in Richtung Karibik transportiert. Dabei galt das „Individuum“ und seine Nachkommen als Ware, welche dem Besitzer vollständig gehörten, wie bei Nutztieren. Die Schiffs-Überfahrt war aufgrund von Hunger und ausbreitenden Krankheiten die erste Hürde für die Sklaven. Oft überlebt nur die Hälfte der Sklaven auf den Schiffen. Dies war jedoch für die europäischen Kolonialherren unproblematisch, da aus Afrika die Zufuhr gesichert war.[12] Der Bedarf von Arbeitskräften und die harten Arbeitsbedingungen auf den Plantagen, bis zu zwölf Stunden lange Schichten, Krankheiten und dem tropischen Klima, führten bei den Sklaven zu hohen „Verschleißzahlen“.[13] Die Überlebensdauer eines Sklaven lag im 18. Jahrhundert bei sieben Jahren. Eine Flucht war für Sklaven zudem riskant, da der Besitzer bei dem dritten Fluchtversuch nach dem Code Noir die Möglichkeit hatte, jeden Sklaven rechtmäßig zu töten.[14] Der ständige Machtkampf zwischen den herrschenden und der beherrschten Klassen zog sich wie ein „roter Faden“ durch die Geschichte Guadeloupes.[15] Sklaven akzeptierten ihr Schicksal nicht immer ohne weiteres. Jedoch wurden entstehende Aufstände und jegliches Aufbegehren, die zu einer Veränderung der Machtstrukturen hätten führen können, brutal und gewaltsam unterdrückt.[16] 1794 erreichte die Französische Revolution Guadeloupe. Seefahrer berichteten von den Ereignissen in Paris. Viele Sklaven hatten die Hoffnung auf bessere Lebensbedingungen und Freiheit. Ein mögliches Verbot des Sklavenhandels führte dazu, dass in dieser Phase die Schiffe anstatt mit 400 Sklaven mit 700 Sklaven beladen wurden, um „menschliche Reserven“ vorzuhalten.[17] Die Sklaverei wurde dann im selben Jahr abgeschafft. Die Leistungen der Arbeiter wurden danach nicht mehr gar nicht, sondern nur geringfügig entlohnt. Nach acht Jahren wurde der Sklavenhandel, trotz der zentralen Worte der Französischen Revolution: „Freiheit, Gleichheit und Brüderlichkeit“, durch Napoleon Bonaparte wieder eingeführt. Dieser befürchtete, dass

10**Vgl. Christoph, Frisch: Rumdestellerie auf Guadeloupe. In:** http://www.industriekultur-ansichten.com/component/content/index.php?option=com_content&view=article&id=163:rumdestillerie-auf-guadeloupe&catid=53:weltweit&Itemid=149 **(Zugriff: 18.03.18 16:47).**

11Sebastian, Borger: „Weißes Gold“, in: Der Spiegel Geschichte Die Kolonialzeit (2016), S. 38.

12Vgl. Florian, Fuchs: „Von der Kolonie zum Department“, in: Schmude, Jürgen; Piermeier, Astrid: *Arbeitsmaterial Wirtschaftgeographie Regensburg Guadeloupe Band 9,* 2005, S. 10.

13**Vgl. Michael, Zeuske: Schwarze Karibik, Zürich: Rotpunktverlag, 2004, S. 238.**

14Vgl. Felix, Zimmermann: Identitätskonflikte auf Martinique und Guadeloupe. In: https://www.grin.com/document/140114 (Zugriff 18.03.18 13:30).

15Ebd.

16Vgl. Ina, Kremer: „Geschichte von Guadeloupe und Martinique bis 1945“, in: Schmude, Jürgen; Ubelacker, Stefan: *Arbeitsmaterial Wirtschaftgeographie Regensburg Guadeloupe und Martinique Band 12,* 2005, S. 17.

17Vgl. Eigl, Wiese: Sklavenschiffe, Hamburg: Koehlers Verlagsgesellschaft mbH, 2000, S. 127.

es in den Kolonien zu einem Mangel an billigen Arbeitskräften kommen könne.[18] Nach weiteren 50 Jahren wurde die Sklaverei dann am 27. April 1848 endgültig und offiziell von Seiten der Pariser Regierung abgeschafft. Eine zentrale Rolle in der Entscheidung hatte Viktor Schoelcher, welcher sich für die Rechte der Sklaven einsetzte.[19] Schoelcher sah die Abschaffung der Sklaverei und des Kolonialismus aufgrund des Gedankenguts, welches die Französische Revolution vermittelt hat als unumgänglich für die Friedenssicherung an.[20] Mit diesem Ende der Sklaverei erfolgte in vielen Kolonien die Entkoppelung von der Kolonialmacht und damit die Unabhängigkeit, wie sie seitdem in vielen ehemaligen britischen Kolonien besteht. Auf Guadeloupe, wie auch auf Martinique, bestand die enge Beziehung zu Frankreich fort.[21]

## 1.2 Nach der Kolonialzeit

Zum Zeitpunkt der Abschaffung der Sklaverei auf Guadeloupe befanden sich dort 250.000 Sklaven. Diese wurden zu französischen Staatsbürgern.[22] Der Wandel vom Sklaven zum Bürger dauerte durchschnittlich aufgrund der Eingewöhnung ins System zehn Jahre. Ein geringer Teil der ehemaligen Sklaven kehrte aufgrund äußerer Umstände, wie etwa der bestehende Mangel an Landbesitz, Kapital oder Ausbildung nach Afrika zurück.[23] Durch die Abschaffung der Sklaverei entstand, wie zu erwarten war, ein Mangel an Arbeitskräften. Ein Teil der befreiten Sklaven wechselte in die Subsistenz-Wirtschaft und versorgte sich somit eigenständig. Den Plantagenbesitzern wurde für jeden Sklaven, der nicht mehr zur Verfügung stand, eine Ausgleichzahlung gezahlt, so dass der wirtschaftliche Schaden gemindert wurde. Um dem Arbeitskräftemangel entgegen zu wirken, versuchte man, billige Hilfskräfte aus anderen Ländern anzuwerben. Ab 1854 wurden aus Indien 50.000 Vertragsarbeiter, genannt Koolies, auf die Französischen Kolonien Guadeloupe und Martinique importiert bzw. umgesiedelt.[24]

18Vgl. Ina, Kremer: „Geschichte von Guadeloupe und Martinique bis 1945“, in: Schmude, Jürgen; Ubelacker, Stefan: *Arbeitsmaterial Wirtschaftgeographie Regensburg Guadeloupe und Martinique Band 12,* 2005, S. 17.

19Vgl. Ina, Kremer: „Geschichte von Guadeloupe und Martinique bis 1945“, in: Schmude, Jürgen; Ubelacker, Stefan: *Arbeitsmaterial Wirtschaftgeographie Regensburg Guadeloupe und Martinique Band 12,* 2005, S. 17.

20Vgl. Ursula, Reutner: Sprache und Identität einer postkolonialen Gesellschaft im Zeitalter der Globalisierung, Hamburg: Helmut Buske Verlag, 2005, S. 12.

21Vgl. Felix, Zimmermann: Identitätskonflikte auf Martinique und Guadeloupe. In: https://www.grin.com/document/140114 (Zugriff 18.03.18 13:30).

22Vgl. Charlotte, Bruneau: Postkolonialismus in der Karibik? In: http://www.deutschlandfunk.de/krise-in-den-franzoesischen-ueberseegebieten.724.de.html?dram%3Aarticle_id=391164 (Zugriff: 17.03.18 16:23).

23Vgl. Ursula, Reutner: Sprache und Identität einer postkolonialen Gesellschaft im Zeitalter der Globalisierung, Hamburg: Helmut Buske Verlag, 2005, S. 13.

24Vgl. Florian, Fuchs: „Von der Kolonie zum Department“, in: Schmude, Jürgen; Piermeier, Astrid: *Arbeitsmaterial Wirtschaftgeographie Regensburg Guadeloupe Band 9,* 2005, S. 15.

## 2. Folgen des Sklavenhandels

Durch die aufgrund der Plantagenwirtschaft in Monokultur betriebene Landwirtschaft wurde der Boden ausgelaugt und einheimische Pflanzen verdrängt. Ein weiterer großer Nachteil liegt darin, dass die Flächen nur für den Export und nicht für die heimische Bevölkerung genutzt wurden. Die Einfuhr von Sklaven zur Deckung des Arbeitskraftbedarfs und der damit verbundenen Bevölkerungsverschiebungen führte nach Beendigung des Sklavenhandels zu Disbalance in Bezug auf Über- bzw. Unterbevölkerung. Einerseits brachte dies eine Überbevölkerung auf Guadeloupe mit sich und zum anderen wurden Afrika menschliche Ressourcen durch den Sklavenhandel entzogen. Aufgrund der Vergangenheit haben viele Antillaner und Nachfahren der Sklaven Probleme mit ihrer Identität und ihrer Herkunft; sie schämen sich für die Zeit ihrer Vorfahren.[25] Dies steht besonders mit den alltäglichen Erfahrungen in Form von sozialer Benachteiligung und Rassismus in Beziehung. Die karibische Gemeinschaft (CARICOM) fordert zum Exempel eine Ausgleichszahlung in Milliarden-Höhe.[26] Bis ins 21. Jahrhundert gab und gibt es keine Auseinandersetzung oder eine Bekenntnis zu der Zeit des Sklavenhandels. Dies änderte sich jedoch 2001 indem das Französische Parlament die Sklaverei als Verbrechen an der Menschheit anerkennte.[27]

### 2.1 Zusammensetzung der Bevölkerung auf Guadeloupe in ethnischer Hinsicht

Auf Guadeloupe leben rund 450.000 Einwohner. Die Kolonialzeit und der massive Import von Sklaven, die überwiegend aus Afrika stammten, haben die Bevölkerungsstruktur als Folge bis in die Gegenwart geprägt. Nach Abschaffung der Sklaverei wurde, wie angerissen, den ehemaligen Sklaven die französische Staatsbürgerschaft, das Wahlrecht, wie auch ein Familienname zugesprochen. Ein Großteil der Nachfahren der Sklaven leben noch heute auf Guadeloupe und machen dort einen Großteil der Bevölkerung aus. Ein weiterer Faktor in der Bevölkerungszusammensetzung sind die indischen Vertragsarbeiter (Koolies), welche ab 1854 angeworben wurden.[28] Außerdem gibt es einen geringen Anteil an Emigranten aus Frankreich, die zum Teil aufgrund politischer Verhältnisse in Europa auf die

25Vgl. Felix, Zimmermann Identitätskonflikte auf Martinique und Guadeloupe. In: https://www.grin.com/document/140114 (Zugriff 18.03.18 13:30).
26Vgl. Sebastian, Borger: „Weißes Gold", in: Der Spiegel Geschichte Die Kolonialzeit (2016), S. 38.
27Vgl. Heidrun, Brockmann; Stefan, Sedlmair: Guadeloupe und seine Inseln, Dormagen: Iwanowski's Reisebuchverlag, 2016.
28Vgl. Florian, Fuchs: „Von der Kolonie zum Department", in: Schmude, Jürgen; Piermeier, Astrid: *Arbeitsmaterial Wirtschaftgeographie Regensburg Guadeloupe Band 9,* 2005, S. 15.

französischen Inseln in der Karibik auswanderten.[29] Auffallend ist, dass es neben der Bevölkerung, die seit nur wenigen Jahrhunderten auf Guadeloupe lebt, wenig indigene Stämme gibt. Dies hat seinen Ursprung in der Kolonialzeit. Durch Einführung der Plantagenwirtschaft und des damit verbundenen große Flächenbedarfs, mussten die ansässigen Kariben zwangsläufig auf andere Inseln ausweichen bzw. umsiedeln.[30] Auch führten gewalttätige Auseinandersetzungen zu einer starken Verminderung der heimischen Bevölkerung. Die Bevölkerung weist folgende prozentuale Anteile auf: 90 % Schwarze und Mulatten, 5 % Weiße sowie 3 % Inder und 2 % Libanesen.[31] Dies lässt sich auch aus der folgenden Abbildung entnehmen.[32]

Abb. 1: Aufteilung der ethnischen Gruppen auf Guadeloupe in Prozent.

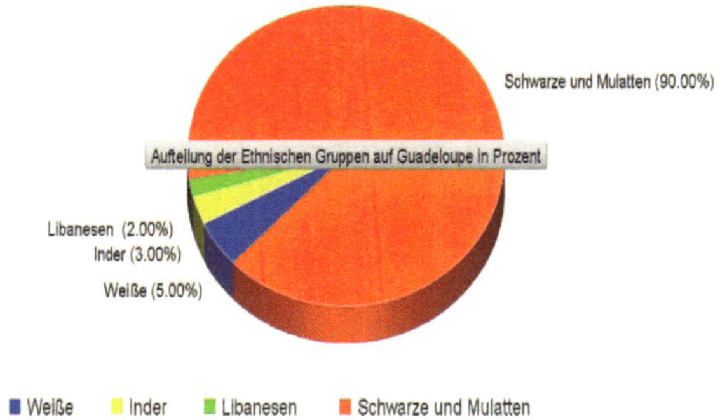


## 2.2 Gesellschaftliche Unterschiede

Auf Guadeloupe sind Ressourcen und Flächen des Landes zwischen der Weißen und Schwarzen Bevölkerung zugunsten der Weißen verteilt. Die wirtschaftliche Macht und die Hälfte der Flächen sowie der Immobilien auf Guadeloupe liegen immer noch im Eigentum von wenigen weißen Familien.[33] Weiter gab es auf Guadeloupe ansässige europäische Großfamilien, welche sich lange Zeit von der dunkelhäutigen Bevölkerung distanziert haben und die Prinzipien und Strukturen aus der Kolonialzeit weiter

29Vgl. Georg, Kremnitz: Frankreichs Sprachen, Berlin: De Gruyter, 2015, S. 117.
30Vgl. Felix, Zimmermann: Identitätskonflikte auf Martinique und Guadeloupe. In: https://www.grin.com/document/140114 (Zugriff 18.03.18 13:30).
31Vgl. Guadeloupe: Bevölkerung, Städte. In: https://www.goruma.de/Laender/Amerika/Guadeloupe/Bevoelkerung/index.html (Zugriff: 16.03.18 15:44).
32Vgl. Abb. 1.
**33Vgl. Gesche, Wüpper: Wie Frankreich Martinique und Guadeloupe retten will. In: https://www.welt.de/reise/Fern/article12064510/Wie-Frankreich-Martinique-und-Guadeloupe-retten-will.html (Zugriff: 16.03.18 18:47).**

fortführten.[34] Guadeloupe wurde 1946 zum gleichberechtigten Teil Frankreichs. Auf Guadeloupe stellen viele Bewohner die Gleichberechtigung in Frage. Dazu gehört beispielsweise Mathiasin Berthaut, welcher zwischen den Nachkommen der Sklaven und der Franzosen ein Ungleichgewicht sieht. Deswegen unterstützt der Landwirt eine Initiative, die eine Wiedergutmachung für die Nachfahren der Sklaven und eine Neuverteilung der Ressourcen und des Landes fordert, um einen Ausgleich und Chancengleichheit zu schaffen.[35] Als Beispiel gab es bis 2011 auf Guadeloupe ein Art Feudalsystem, in welchem die Eigentümer einer Fläche den Nutzern eine Pacht auferlegen konnten, die Anpflanzung bestimmen, und zusätzlich einen Anteil des Erlöses für sich erhielten. So ein System existierte in Europa im Mittelalter.[36] Trotz den Ungleichheiten der Ressourcen und Flächen ist es so, dass die farbige Bevölkerung zwischen 1848 und 1946 stetig mehr in der Politik eingebunden wurde und diese auch einige Schlüsselpositionen erhalten haben.[37]

## 2.3 Kreolische Kultur

Die kreolische Kultur hat ihren Ursprung in der Kolonialzeit. Als Kreolen werden Menschen bezeichnet, welche in einem fremden Land leben und somit nicht zu indigenen Stämmen gehören. Im Bezug auf Guadeloupe sind Kreolen vorerst die Nachfahren der Sklaven welche später sesshaft wurden. Gerade durch die Einflüsse des Sklavenhandels und somit Afrikas hat die Kreolische Kultur viele Aspekte gewonnen die Sie bis in die heutige Zeit geprägt hat. Später führte die Migration von Koolies aus Indien zu erneuten Einflüssen in Bereichen wie Sprachen, Glaubensrichtungen, und der Vielfalt der Küche. Durch die fehlenden Änderungen und Neuerungen in den letzten Jahrzehnten, welche die Kultur beleben würden überwiegen die Einflüsse aus Frankreich. Dies ist beispielsweise in der Sprache zu erkennen da die kreolische Sprache neben der Französischen in den Hintergrund rückt.[38] Dies ist beunruhigend zu betrachten, da die einzigartige Kultur Guadeloupe auszeichnet und sie daher eine hohe Bedeutsamkeit hat.

34Vgl. Ursula, Reutner: Sprache und Identität einer postkolonialen Gesellschaft im Zeitalter der Globalisierung, Hamburg: Helmut Buske Verlag, 2005, S. 13.
35Vgl. Charlotte, Bruneau: Postkolonialismus in der Karibik? In: http://www.deutschlandfunk.de/krise-in-den-franzoesischen-ueberseegebieten.724.de.html?dram%3Aarticle_id=391164 (Zugriff: 17.03.18 16:23).
36Ebd.
37Vgl. Ursula, Reutner: Sprache und Identität einer postkolonialen Gesellschaft im Zeitalter der Globalisierung, Hamburg: Helmut Buske Verlag, 2005, S. 13.
38Vgl. Felix, Zimmermann: Identitätskonflikte auf Martinique und Guadeloupe. In: https://www.grin.com/document/140114 (Zugriff 18.03.18 13:30).

## 3. Guadeloupe zu Beginn des 21. Jahrhunderts

### 3.1 Wirtschaft

Guadeloupe hat eine schwache Wirtschaftskraft. Die gesamte Wirtschaft ist in erster Linie auf Paris ausgerichtet. Die Hauptzweige der Wirtschaft auf Guadeloupe sind Ackerbau, Fremdenverkehr/Tourismus, Leichtindustrie und Dienstleistung. Guadeloupe besitzt, wie zu Kolonialzeiten, einen ausgeprägten Agrarsektor. Die Agrarerzeugnisse sind zum größten Teil Bananen (50% des jährlichen Exportertrages) und Zucker, wobei dieser jedoch langsam durch andere Produkte, wie Gemüse oder Blumen ersetzt wird. Mittlerweile hat sich die moderne Plantagenwirtschaft auf Guadeloupe zu einem komplexen agrarindustriellen Produktionssystem (dem sogenannten Agrobusiness) entwickelt, dass weitgehend von multinationalen Kapitalgesellschaften organisiert und kontrolliert wird. Da die Agrarerzeugnisse auf Guadeloupe ein Überangebot darstellen, werden 90% zumeist nach Europa beziehungsweise Frankreich exportiert. Europa ist für Guadeloupe der Hauptabsatzmarkt und eine der größten Einnahmequellen.[39] Trotz des Überangebotes in den Agrarerzeugnissen liegt der Selbstversorgungsgrad Guadeloupes unterhalb von 10 Prozent[40] und ein Großteil aller Waren auf dem Markt werden, wie fabriktechnische Waren und auch Treibstoff, importiert.[41] Der wichtigste Handelspartner im Import und Export ist Frankreich. Zu den anderen Karibischen Inseln abgesehen von Martinique bestehen nur geringfügige Handelsbeziehungen, da Guadeloupe als Nichtmitglied der CARICOM Gemeinschaft auf alle exportierten Waren in die Mitgliedsstaaten Zölle bezahlen muss. Folglich kommen die waren meist aus Frankreich was hohe Transportkosten zu Folge hat und dazu führt, dass Grundnahrungsmittel den größten Kostenteil, noch vor der Unterkunft und Transport, ausmachen.[42] Nach dem Statistikamt In-See sind die Lebensmittelkosten um 34% höher als in Frankreich und in der Telekommunikation und im Gesundheitswesen findet man ähnliche Werte vor. [43] Der wichtigste Arbeitgeber für die Bewohner Guadeloupes ist der Französische Staat. Alleine vier von fünf Arbeitsplätzen werden dadurch im Dienstleistungssektor belegt. Durch die Importe aus der EU geht die Zahl der

39Vgl. Ina, Kremer: „Geschichte von Guadeloupe und Martinique bis 1945“, in: Schmude, Jürgen; Ubelacker, Stefan: *Arbeitsmaterial Wirtschaftgeographie Regensburg Guadeloupe und Martinique Band 12,* 2005, S. 20.

40**Vgl. Jürgen, Schmude: „Guadeloupe und Martinique“, in: Ders.; Ubelacker, Stefan: *Arbeitsmaterial Wirtschaftgeographie Regensburg Guadeloupe und Martinique Band 12,* 2005, S. 7.**

41Vgl. Abb. 2.

42**Vgl. Gesche, Wüpper: Wie Frankreich Martinique und Guadeloupe retten will. In: https://www.welt.de/reise/Fern/article12064510/Wie-Frankreich-Martinique-und-Guadeloupe-retten-will.html (Zugriff: 16.03.18 18:47).**

43Vgl. Gesche, Wüpper: Frankreich sitzt auf einem sozialen Pulverfass. In: https://www.welt.de/wirtschaft/article106165084/Frankreich-sitzt-auf-einem-sozialen-Pulverfass.html (Zugriff: 16.03.18 16:58).

Menschen, die im Agrarsektor arbeiten, zurück. Aufgrund fehlender Industrie bleiben mögliche Arbeitsplätze aus, was sich negativ auf die Arbeitslosenquote auswirkt. Durch die Lebenshaltungskosten leben viele Menschen unter der Armutsgrenze.[44] Ein weiterer Grund für Armut und Abhängigkeit von Frankreich ist das bestehende Lohnniveau, welches in den DOMs um 40% geringer ist, als im Mutterland. Große Hoffnung setzen die Guadeloupianer auf den Tourismus, da der primäre Sektor immer mehr an Bedeutung verliert. Vom Tourismus erhoffen sich die Menschen einerseits die Funktion als Arbeitsplatzgenerator, andererseits wird sich eine bessere Handelsbilanz erhofft. Alleine der Tourismus steuert 7% zum Bruttoinlandsprodukt von Guadeloupe bei.[45] Die meisten Touristen kommen aus Frankreich, mit einem Anteil von knapp 60%.[46] Zudem ist Guadeloupe ein beliebtes Ziel für den Kreuzfahrtschifftourismus.

Aufgrund von Unzufriedenheiten und Forderungen vieler Bürger wie eine Erhöhung der Mindestlöhne und Senkung der Preise für Grundnahrungsmittel wie auch von öffentlichen Verkehrsmittel gab es 2009 einen Generalstreik. Dieser legte mehrere Wochen das öffentliche Leben lahm, brachte aber keine Verbesserung.[47]
Firmen, die einen Standort auf Guadeloupe aufbauen, bringen vollständige eigene qualifizierte Teams aus Frankreich mit. Die Bewohner Guadeloupes haben dadurch keine Chance, einen gut dotierten Beruf zu erlangen. Die Führungspositionen der Unternehmen auf Guadeloupe werden auch zumeist von Europäern besetzt.[48]
Beginnend mit der Kolonialzeit ist Frankreich nicht unbeteiligt an den wirtschaftlichen Problemen. Durch die Zeit in Abhängigkeit zum Kolonialstaat hatten die Länder nicht die Zeit, sich zu entwickeln. Die hochentwickelten Länder haben die Macht über den Hauptanteil der Rohstoffmärkte, der Ausrüstungsgüter und im Dienstleistungssektor und können hier nach belieben die Preise variieren. Dies führt dazu, dass sich die wirtschaftlichen Strukturen einzig und allein an den Bedürfnissen der ehemaligen Kolonialmächte orientieren und dadurch die marktwirtschaftlichen Abhängigkeiten

44Ebd.
45**Vgl. Gesche, Wüpper: Wie Frankreich Martinique und Guadeloupe retten will. In: https://www.welt.de/reise/Fern/article120645l0/Wie-Frankreich-Martinique-und-Guadeloupe-retten-will.html (Zugriff: 16.03.18 18:47).**
46Vgl. Andrea, Laumbacher: „Flughafen und Tore: die Tore zu den Inseln", in: Schmude, Jürgen; Ubelacker, Stefan: *Arbeitsmaterial Wirtschaftgeographie Regensburg Guadeloupe und Martinique Band 12,* 2005, S. 83.
47**Vgl. Gesche, Wüpper: Wie Frankreich Martinique und Guadeloupe retten will. In: https://www.welt.de/reise/Fern/article120645l0/Wie-Frankreich-Martinique-und-Guadeloupe-retten-will.html (Zugriff: 16.03.18 18:47).**
48**Vgl. Herade, Feist: Guadeloupe: Frankreichs Problemregion. In: https://info.arte.tv/de/guadeloupe-frankreichs-problemregion (Zugriff: 19.03.18 13:52).**

erzeugt wird. Den Regionen wurden darüber hinaus viele Bodenschätze und natürliche Reichtümer durch Ausbeutung genommen.[49]

## 3.2 Infrastruktur

Die Infrastruktur auf Guadeloupe ist in vielen Regionen veraltet und erneuerungsbedürftig. Damit ist eine flächendeckende Versorgung erschwert. Subventionen der EU werden zum großen Teil in die Infrastruktur investiert. Dies hat beispielsweise dazu verholfen, dass einige Schulen saniert werden konnten. Ein Nahverkehrssystem ist auf Guadeloupe kaum vorhanden. Deshalb sind die Guadeloupianer auf ein eigenes, im Unterhalt teures Auto angewiesen.[50] Im Bau von Wohnmöglichkeiten gab es Ende der 50er, Anfang der 60er durch eine hohe Rate an Neugeborenen und somit ein starkes Bevölkerungswachstum Probleme. Die Folgen waren eine zunehmende Verslumung.[51]

## 3.3 Bildungswesen

Der farbigen Bevölkerung blieb der Schulbesuch bis ins 19. Jahrhundert verwehrt.[52] Nach dem zweiten Weltkrieg wurde auf Guadeloupe das Bildungswesen und die Bildungsstrukturen aus dem Mutterland übernommen. Dies hat sich als positiv herausgestellt, da dadurch die Schulpflicht eingeführt wurde. Hierdurch konnte die Zahl der Analphabeten und der Menschen, die nur Kreolisch sprechen, reduziert werden. Gleichzeitig wurde dadurch die französische Sprache bedeutsamer.[53] Jedoch bestehen trotz der Verbesserung immer noch große Ungleichheiten zu Frankreich, wie beispielsweise die Erfolgsquote der Hochschulabschlüsse. Diese fallen auf Guadeloupe um 12% schlechter aus. Ein weiteres Problem sind nicht vorhandene oder marode Ausbildungsstätten, die zu 80% renovierungsbedürftig sind und zur zum Teil saniert wurden.[54]Es besteht im Vergleich zu Frankreich auf Guadeloupe ein grundsätzlich geringeres Bildungsniveau und eine hohe Jugendarbeitslosigkeit. Sechs

49**Vgl. Bodo von, Borries: Kolonialgeschichte und Weltwirtschaftssystem, Düsseldorf: Schwann, 1986, S. 10.**

50Vgl. Gesche, Wüpper: Frankreich sitzt auf einem sozialen Pulverfass. In: https://www.welt.de/wirtschaft/article106165084/Frankreich-sitzt-auf-einem-sozialen-Pulverfass.html (Zugriff: 16.03.18 16:58).

51Vgl. Bianca, Knerr: „Geschichte von Guadeloupe und Martinique nach 1945“, in: Schmude, Jürgen; Ubelacker, Stefan: *Arbeitsmaterial Wirtschaftgeographie Regensburg Guadeloupe und Martinique Band 12,* 2005, S. 28.

52Vgl. Ursula, Reutner: Sprache und Identität einer postkolonialen Gesellschaft im Zeitalter der Globalisierung, Hamburg: Helmut Buske Verlag, 2005, S. 53.

53Vgl. Georg, Kremnitz: Frankreichs Sprachen, Berlin: De Gruyter, 2015, S. 117.

54Vgl. Charlotte, Bruneau: Postkolonialismus in der Karibik? In: http://www.deutschlandfunk.de/krise-in-den-franzoesischen-ueberseegebieten.724.de.html?dram%3Aarticle_id=391164 (Zugriff: 17.03.18 16:23).

von zehn Bürgern auf Guadeloupe sind unter 25 Jahre alt und arbeitslos. Insgesamt lag die Arbeitslosenquote bei 25,9% im Jahre 2014.[55]Davon sind nicht nur Schulabbrecher betroffen, sondern auch Universitäts- oder Hochschulabsolventen mit Masterabschluss. Die großen Probleme in der Bildung und Ausbildung von Jugendlichen und jungen Erwachsenen auf Guadeloupe führt vermehrt zu Drogen Konsum und zu einer steigenden Kriminalitätsrate.[56]

# 4. Guadeloupe im Französischen System

## 4.1 Guadeloupes Beziehungen zu Frankreich und der Europäische Union

Am 19. März 1946 wurde Guadeloupe zum Überseedepartement und ist insofern ein vollständig integrierter Bestandteil Frankreichs und damit auch Teil der EU. Ab diesem Zeitpunkt ist Guadeloupe keine Kolonie Frankreichs mehr. Dadurch gelten auf Guadeloupe die identischen Gesetzte und die Währung der Euro.[57] Eine Vielzahl von Strukturen wurde aus Frankreich und Europa auf Guadeloupe angewandt. „Die omnipräsente Dominanz Frankreichs ist in allen Bereichen des öffentlichen Lebens wahrzunehmen".[58] Der Großteil der Guadeloupischen Bevölkerung sehen sich als Franzosen und Europäer. Die Bindung von Guadeloupe an Europa und an Frankreich als DOM zeichnen eine uneingeschränkte Abhängigkeit aus.[59] Beispielsweise subventioniert die Europäische Union in ihrer Gemeinschaft wirtschaftlich schwache Regionen projektbezogen mit Fördergeldern, um diese zu stärken. Somit ist Guadeloupe, wie auch schon in der Vergangenheit, finanziell von Frankreich abhängig.[60] Gleichzeitig muss Guadeloupe für kostenintensive EU-Auflagen bezahlen. Verhältnismäßig zu den anderen karibischen Inseln stehen die DOMs trotzdem deutlich besser da und weisen relativ hohe Standards im Bildungssystem, medizinischen Versorgung und der Infrastruktur auf. Jedoch sollte Guadeloupe langfristig versuchen, die finanzielle Abhängigkeit zu minimieren. Die Nachbarinsel Martinique ist in diesem Fall das richtige Vorbild. Dort liegt der Quotient aus Export und Import um 10% höher als der auf

55**Vgl. Länder mit der Höchsten Arbeitslosenquote 2014. In: https://www.finanzen.net/top_ranking/top_ranking_detail.asp?inRanking=1015&inPos=13 (Zugriff: 28.03.18 14:57).**

56**Vgl. Herade, Feist: Guadeloupe: Frankreichs Problemregion. In: https://info.arte.tv/de/guadeloupe-frankreichs-problemregion**

57**Vgl. Heidrun, Brockman; Stefan, Sedlmair: Guadeloupe und seine Inseln, Dormagen: Iwanowski's Reisebuchverlag, 2016.**

58Felix, Zimmermann: Identitätskonflikte auf Martinique und Guadeloupe. In: https://www.grin.com/document/140114 (Zugriff 18.03.18 13:30).

59Vgl. Felix, Zimmermann: Identitätskonflikte auf Martinique und Guadeloupe. In: https://www.grin.com/document/140114 (Zugriff 18.03.18 13:30).

60Vgl. Ursula, Reutner: Sprache und Identität einer postkolonialen Gesellschaft im Zeitalter der Globalisierung, Hamburg: Helmut Buske Verlag, 2005, S. 16.

Guadeloupe.[61] Die Abhängigkeit ist gerade dadurch, dass Guadeloupe nicht in der CARICOM Vereinigung ist problematisch, da sie so nicht die Möglichkeit hat an den Kooperationen in Bereich wie Bildung, Gesundheit, Außenpolitik und Transport teilzuhaben.

## 4.2 Vorteile Frankreichs durch Guadeloupe

Neben den Kosten die Guadeloupe aufwirft gibt es auch viele Vorteile für Frankreich. Durch den Französischen Standort in der Karibik hat Frankreich eine bessere Handelsbrücke zu den Staaten in Mittelamerika und Südamerika. Außerdem ist Guadeloupe und Martinique ein potenzielles Urlaubsdomizil für Franzosen die vom Festland kommen. Durch Guadeloupe und den anderen Gebieten Europas in äußerster Lage strahlt Europa eine Präsenz auf der ganzen Welt aus.[62]

> "Guadeloupe, Martinique, Französisch-Guyana, Réunion, Neukaledonien... alle Kolonien also –das sind die Gebiete, die den Reichtum Frankreichs ausmachen. Frankreich ist die zweitgrößte maritime Weltmacht – dank der Kolonien. Frankreich ist eine außergewöhnliche Wirtschaftsmacht – dank der Kolonien. Frankreich hat den weltbesten Raketenstartplatz für Satelliten – dank der Kolonien. Frankreich ist der zweitgrößte Produzent von Nickel – dank der Kolonien. Also ernährt nicht Frankreich Guadeloupe, sondern Guadeloupe ernährt Frankreich." [63]

## 4.3 Politische Vertretung

Im Französischen System ist Guadeloupe als Department in der Nationalversammlung mit vier Abgeordneten vertreten und im Senat sitzen zwei Senatoren. Als Teil der EU ist Guadeloupe zudem im Europaparlament vertreten.

## 4.4 Unabhängigkeitsbestrebungen

Guadeloupe fordert mehr Autonomie jedoch nicht die Lösung von der EU und Frankreich, da dies eine Menge Vorteile mit sich zieht. Nachdem 1946 die französischen Kolonien in französische Departments umgewandelt wurden und somit Guadeloupe und Martinique vollständig in das französische Mutterland integriert wurden endeten die Bestrebungen auf Unabhängigkeit und Freiheit. Ein weiterer Grund

61Vgl. Jürgen, Schmude: „Guadeloupe und Martinique“, in: Ders.; Ubelacker, Stefan: *Arbeitsmaterial Wirtschaftgeographie Regensburg Guadeloupe und Martinique Band 12,* 2005, S. 7.
62Vgl. Charlotte, Bruneau: Postkolonialismus in der Karibik? In: http://www.deutschlandfunk.de/krise-in-den-franzoesischen-ueberseegebieten.724.de.html?dram%3Aarticle_id=391164 (Zugriff: 17.03.18 16:23).
63Charlotte, Bruneau: Postkolonialismus in der Karibik? In: http://www.deutschlandfunk.de/krise-in-den-franzoesischen-ueberseegebieten.724.de.html?dram%3Aarticle_id=391164 (Zugriff: 17.03.18 16:23).

für das Enden der Bestrebungen war sicherlich die Situation während des Zweiten Weltkriegs wo Frankreich durch Deutschland besetzt wurde und somit die Lebensmittelversorgung für einige Wochen nicht vorhanden war, wodurch die Abhängigkeit verdeutlicht wurde. Zwar wird die Abhängigkeit zu Frankreich von der Bevölkerung kritisch betrachtet dennoch ist sie sich weitestgehend einig, dass eine Loslösung von Frankreich negative Folgen hätte.[64]

## 5. Argumentation

Die Bindung von Guadeloupe an Frankreich und die daraus entstehende Abhängigkeit ist in allen Bereichen auf Guadeloupe zu merken. Jedoch stellt sich die Frage ob die Möglichkeit besteht, dass Guadeloupe künftig mehr Autonomie erlangt und somit die Abhängigkeit zu Frankreich und der Europäischen Union reduziert.

Durch die Bindung zu Frankreich ist Guadeloupe einerseits in der eigenen Region isoliert und andererseits wirken sich alle Situationen in Europa auf Guadeloupe aus. Guadeloupe ist in jeglichen Bereichen auf Frankreich angewiesen, da keine Beziehung zur Karibischen Gemeinschaft besteht. Dieser Umstand der Ausweglosen wirtschaftlichen und finanziellen Abhängigkeit zu Frankreich und der gleichzeitigen Isolation in der Region führt zwangsläufig zu Depressionen. Die Gesellschaftlichen Probleme entstehen durch die allgegenwärtige Bindung an Frankreich wie zu Kolonialzeiten. Die zum größten Teil aus Nachkommen der Sklaven bestehende Bevölkerung hat vereinzelt Probleme mit ihrer Identität. Dies ist nicht verwunderlich, da Guadeloupe heute noch von Europäern gesteuert wird. Guadeloupe ist wie eine Kolonie Frankreichs. Frankreich ist Haupthandelspartner, die Strukturen aus Europa wurden auf Guadeloupe angewandt und Frankreich steuert den Entwicklungsstand. Guadeloupe hatte nie die Möglichkeit ohne größere Konsequenzen unabhängig zu werden. Für die Wirtschaft auf Guadeloupe gibt es keine Zukunft. Durch die Importe aus Frankreich sowohl mit Waren aus der Industrie als auch Grundnahrungsmittel ist Guadeloupe nicht auf eine eigene Versorgung angewiesen, da der Bedarf dazu nicht besteht. Dies führt dazu, dass es einerseits viele Arbeitslose gibt und andererseits die Menschen antriebslos und innovativlos werden und stagnieren. Mit einer Unabhängigkeit würde sich dies maßgeblich ändern, da Guadeloupe gezwungen sein würde selbstständig zu werden und eine eigene Industrie aufzubauen.

64Vgl. Bianca, Knerr: „Geschichte von Guadeloupe und Martinique nach 1945“, in: Schmude, Jürgen; Ubelacker, Stefan: *Arbeitsmaterial Wirtschaftgeographie Regensburg Guadeloupe und Martinique Band 12,* 2005, S. 28.

Dem gegenüber ist aber auch zu beachten, dass die Strukturen aus Frankreich, welche nach 1946 auf Guadeloupe Anwendung fanden, sich positiv ausgewirkt haben. Die vorherigen Probleme konnten mit funktionierenden Strukturen aus Europa verbessert werden. Ein möglicher Grund für die Unterentwicklung vor 1946 könnte durch den Mangel an Impulsen entstanden sein.[65] Ein weiterer Vorteil ist, dass Guadeloupe durch die Europäische Union Subventionen erhält, welche zu einer Verbesserung des Landes führen. Die Europäische Union subventioniert finanziell schwache Länder. Auf Guadeloupe werden die Geldsummen beispielsweise in die Infrastruktur investiert. Dadurch hat Guadeloupe im Verhältnis zu anderen Karibischen Inseln eine gut ausgebaute Infrastruktur was sie zukünftlich attraktiver für Touristen macht. Festzuhalten ist, dass Guadeloupe zum jetzigen Zeitpunkt nicht zu mehr Autonomie fähig ist, da eine Unabhängigkeit zu Frankreich und der Europäischen Union Guadeloupe ins Chaos führen würde. Guadeloupe hat zu viele Probleme in den Bereichen Bildung, Wirtschaft, Handel etc. Turgot welcher später zum Reformminister wurde verglich 1748 die französischen Kolonien mit Früchten, welche am Baum des Mutterlandes hängen. Wenn eine Frucht (Kolonie) aufgrund des Gewichts reif ist, und sich bspw. durch eine politische Elite kenntlich macht oder es externe Einwirkungen gibt, fällt die Frucht ab und wird unabhängig.[66]

Zusammenfassend ist festzuhalten, dass gute, wie auch schlechte Dinge aus der Abhängigkeit Guadeloupes zu Frankreich resultieren. Unabhängigkeitsbestrebungen können nach meiner Auffassung zum aktuellen Zeitpunkt nicht ernsthaft beabsichtigt sein, da Guadeloupe viel zu stark auf die Subventionen aus Europa angewiesen ist. Hinzu kommen viele Probleme in der Wirtschaft, Infrastruktur und Gesellschaft. Damit Guadeloupe trotzdem die Möglichkeit hat, sich von Frankreich zu unterscheiden, eine eigene Identität und Selbstbewusstsein zu entwickeln, braucht es weiterhin Unterstützung aus Europa, damit die Voraussetzungen für mehr Autonomie als Basis überhaupt erst vorliegen.

65Vgl. Bodo von, Borries: Kolonialgeschichte und Weltwirtschaftssystem, Düsseldorf: Schwann, 1986, S.48.

66**Vgl. Wolfgang, Reinhard: Kleine Geschichte des Kolonialismus, Stuttgart: Alfred Kröner Verlag, 2008, S. 142.**

## 6. Schluss

Rückblickend kann man erkennen, welche Auswirkungen die Kolonialzeit auf Guadeloupe bis in die Gegenwart hat. Die Vergangenheit sitzt in den Nachfahren der Sklaven heute noch tief und kann nicht ungeschehen gemacht werden. Es bestehen auch gegenwärtig zum Teil noch Ungleichheiten in der Gesellschaft zwischen Weißen und Farbigen. Diese Strukturen ähneln der veralteten und ungerechten Kolonialordnung und führen dazu, dass die Armen immer ärmer werden und die Reichen immer reicher werden.[67] Guadeloupe ist das „Problemkind" Frankreichs und der EU. Trotz Subventionen in Milliardenhöhe können die Probleme damit gegenwärtig nicht bewältigen werden. Eine massive Unterstützung ist aber auch dazu geeignet, das Gegenteil bei den Guadeloupianern bewirken, da die Projekt, die von der EU bzw. Frankreich ausgehen, als Demütigung für die Bevölkerung gesehen werden. Der Bevölkerung wird dadurch vor Augen geführt, dass sie sozusagen „an Tropf" des Mutterlandes hängen und sie Bittsteller sind. Gleichzeitig werden sie die Vormachstellung der Unterstützer und die vorgegebenen Projekte, unterschwellig an die Vergangenheit erinnert. Diese Form der Abhängigkeit kann zu Depression führen und auch zur Unfähigkeit, selbständig zu handeln, weil von den Anderen immer alles entschieden und erledigt wird. Die gegenwärtige Situation Guadeloupes scheint ausweglose und frustrierend. Gleichzeitig muss man aber auch bedenken, dass es den Bewohnern auf Guadeloupe weit aus besser geht, als denen der Nachbarinseln. Diese erhalten keine Unterstützung durch Drittstaaten und sind auf sich allein gestellt. Insbesondere bei den Umweltkatastrophen, wie Erdbeben und Hurrikan, wurde den Bewohnern Guadeloupes bewusst, dass sie von dieser Art der Abhängigkeit vom Mutterland, besonders profitiert haben, da sie sehr stark unterstützt wurden. Aus eigener Kraft wäre ein so schneller Wiederaufbau nahezu nicht möglich gewesen. Diese Erkenntnis führte dazu, dass Unabhängigkeitsbestrebungen gegenwärtig keine Relevanz haben.

Gleichzeitig ist es aber aus meiner Sicht unerlässlich, dass gerade in Bezug auf Bildung und Wirtschaft bessere Voraussetzungen geschaffen werden. Hier könnte zum Beispiel eine gesetzliche Regelung helfen, die ausländische Unternehmen verpflichtet, jeden zweiten Mitarbeiter mit einheimischem Personal zu besetzen. Hier könnte damit die Möglichkeit geschaffen werden, langfristig die Bildung, wie auch das Selbstvertrauen der Bevölkerung Guadeloupes zu stärken. Ökonomisch betrachtet

67Vgl. Bodo von, Borries: Kolonialgeschichte und Weltwirtschaftssystem, Düsseldorf: Schwann, 1986, S. 9.

werden schlecht gebildete Jugendliche zu teuren Sozialfällen und belasten den Sozialstaat erheblich. Denkbar wären auch besondere Programme, wie die Förderung von Selbständigkeit sowie Investitionen in Forschung und Entwicklung. Sicherlich müsste auch seitens Frankreichs darüber nachgedacht werden, ob z.B. übergestülpte Regelungen überhaupt für diese Inselregion sinnvoll und nachhaltig sind. Nicht alles was für Frankreich oder für die EU gut ist, trifft auch auf Guadeloupe zu. Es geht darum, bisher brach liegende gesellschaftliche Ressourcen zu mobilisieren.

Literaturverzeichnis

Primärliteratur:
[1] Zeuske, Michael: Schwarze Karibik, Zürich: Rotpunktverlag, 2004.
[2] Reutner, Ursula: Sprache und Identität einer postkolonialen Gesellschaft im Zeitalter der Globalisierung, Hamburg: Helmut Buske Verlag, 2005.
[3] Held- Schrader, Christine: Sozialismus und koloniale Frage, 52 Bde., Göttingen, Zürich: Muster- Schmidt Verlag, 1985.
[4] Reinhard, Wolfgang: Kleine Geschichte des Kolonialismus, Stuttgart: Alfred Kröner Verlag, 2008.
[5] Wiese, Eigel: Sklavenschiffe, Hamburg: Koehlers Verlagsgesellschaft mbH, 2000.
[6] Borries, Bodo von: Kolonialgeschichte und Weltwirtschaftssystem, Düsseldorf: Schwann, 1986.
[7] Kremnitz, Georg: Frankreichs Sprachen, Berlin: De Gruyter, 2015.
[8] Brockmann, Heidrun; Sedlmair, Stefan: Guadeloupe und seine Inseln, Dormagen: Iwanowski's Reisebuchverlag, 2016.

Aufsätze in Sammelwerken:
[9] Fuchs, Florian: „Von der Kolonie zum Department“, in: Schmude, Jürgen; Piermeier, Astrid: *Arbeitsmaterial Wirtschaftgeographie Regensburg Guadeloupe Band 9,* 2005.
[10] Schmude, Jürgen: „Guadeloupe und Martinique“, in: Ders.; Ubelacker, Stefan: *Arbeitsmaterial Wirtschaftgeographie Regensburg Guadeloupe und Martinique Band 12,* 2005.
[11] Kremer, Ina: „Geschichte von Guadeloupe und Martinique bis 1945“, in: Schmude, Jürgen; Ubelacker, Stefan: *Arbeitsmaterial Wirtschaftgeographie Regensburg Guadeloupe und Martinique Band 12,* 2005.
[12] Knerr, Bianca: „Geschichte von Guadeloupe und Martinique nach 1945“, in: Schmude, Jürgen; Ubelacker, Stefan: *Arbeitsmaterial Wirtschaftgeographie Regensburg Guadeloupe und Martinique Band 12,* 2005.
[13] Laumbacher, Andrea: „Flughafen und Tore: die Tore zu den Inseln“, in: Schmude, Jürgen; Ubelacker, Stefan: *Arbeitsmaterial Wirtschaftgeographie Regensburg Guadeloupe und Martinique Band 12,* 2005.

Zeitschriftenaufsätze:
[14] Borger, Sebastian: „Weißes Gold“, in: Der Spiegel Geschichte Die Kolonialzeit (2016).

Internetquellen:
[15] Zimmermann, Felix: Identitätskonflikte auf Martinique und Guadeloupe. In: https://www.grin.com/document/140114 (Zugriff 18.03.18 13:30).
[16] Frisch, Christoph: Rumdestellerie auf Guadeloupe. In: http://www.industriekultur-ansichten.com/component/content/index.php?option=com_content&view=article&id=163:rumdestillerie-auf-guadeloupe&catid=53:weltweit&Itemid=149 (Zugriff: 18.03.18 16:47).
[17] Bruneau, Charlotte: Postkolonialismus in der Karibik? In: http://www.deutschlandfunk.de/krise-in-den-franzoesischen-ueberseegebieten.724.de.html?dram%3Aarticle_id=391164 (Zugriff: 17.03.18 16:23).
[18] Wüpper, Gesche: Wie Frankreich Martinique und Guadeloupe retten will. In: https://www.welt.de/reise/Fern/article120645100/Wie-Frankreich-Martinique-und-Guadeloupe-retten-will.html (Zugriff: 16.03.18 18:47).
[19] Wüpper, Gesche: Frankreich sitzt auf einem sozialen Pulverfass. In: https://www.welt.de/wirtschaft/article106165084/Frankreich-sitzt-auf-einem-sozialen-Pulverfass.html (Zugriff: 16.03.18 16:58).

[20] Guadeloupe: Bevölkerung, Städte. In: https://www.goruma.de/Laender/Amerika/Guadeloupe/Bevoelkerung/index.html (Zugriff: 16.03.18 15:44).
[21] Feist, Herade: Guadeloupe: Frankreichs Problemregion. In: https://info.arte.tv/de/guadeloupe-frankreichs-problemregion (Zugriff: 19.03.18 13:52).
[22] Länder mit der Höchsten Arbeitslosenquote 2014. In: https://www.finanzen.net/top_ranking/top_ranking_detail.asp?inRanking=1015&inPos=13 (Zugriff: 28.03.18 14:57).
[23] Duden: Sklaverei. In: https://www.duden.de/rechtschreibung/Sklaverei (Zugriff: 03.04.18 16:54).

## Fremdwortverzeichnis

CARICOM = Caribbean Community and Common Market.

DOM = Départements d'Outre-Mer.

Code Noir = Dekret welches die Behandlung mit Sklaven festlegt.

Viktor Schoelcher = Französischer Politiker und Aktivist gegen Sklaverei.

Kollektiv LKP = „Kollektiv gegen die Ausbeutung"

Subsistenz Wirtschaft = Wirtschaftsform in welcher das Produktionsziel die Selbstversorgung ist.

Primärer Sektor = Sektor in der Wirtschaft welcher sich mit der Herstellung von Rohstoffen befasst.

Agrobuisness = Alle Wirtschaftlichen Aktivitäten um den Landwirtschaftlichen Sektor